Feuer, das zur Speise wird

Lyrik

114 Gedichte aus meiner digitalen Welt

Harald Birgfeld

2

Harald Birgfeld, geb. in Rostock, lebt seit 2001 in 79423 Heitersheim. Von Hause aus Dipl.-Ingenieur, befasst er sich seit 1980 mit Lyrik. In mindestens 23 Anthologien ist er vertreten. Alle derzeitigen Veröffentlichungen im Anhang. Harald Birgfeld schrieb seine Gedichte überwiegend während der Fahrten in der Hamburger S-Bahn zur und von der Arbeit, inzwischen mehr als 12.000 Strophen.

Aus dem Gutachten, 1986, einer an der Universität Freiburg tätigen Literaturwissenschaftlerin:
"Es lohnt sich, einmal einen heutigen Dichter kennen zu lernen, der mit der deutschen Sprache einen faszinierend fremden Weg betritt und trotzdem dem Leser Freiraum lässt für eigene Gedankengänge, ohne dass die Probleme in erhobener Zeigefingermanier zu zeitkritischen Trampelpfaden werden."

Buchumschlag: Harald Birgfeld

Herausgeber, Autor, Redakteur: Harald Birgfeld.
e-mail: Harald.Birgfeld@t-online.de
Im Internet unter : www.Harald-Birgfeld.de

Herstellung und Verlag:
Books on Demand GmbH, Norderstedt
ISBN 9783734750632

Inhaltsverzeichnis ....Seite

Rot geschrieb'ne Zahlen,
Schwarz geschrieb'ne Zahlen.
Tätowierung, die sich im Gesicht bewegt.

Ein Durchlauf durch das Lichtfeld
Des Projektors.

Wär ich meiner Sache sicher...

Rechner - Frage - Rechner - Frage...

Irgendwo hat er mich aufgenommen
Und gespeichert, abgelegt
Und abgesichert.

Rechner - Frage: meine Daten.

Sonst bin ich ganz sicher.
Weiter fehlt mir nichts.

Ja, mir ist ein Kind geboren.
Seine Eltern kenn' ich nicht.
Ich nenne es: „Strom-fließt, fließt-nicht".
Ich habe seine Speicherdaten,
Die gab ich dazu.

Es lernt sehr schnell,
Es lernt ganz fehlerfrei,
Es lernt mich kennen.

Unsre Sprache,
Wenn wir uns verstehen werden,
Wird so schwer sein, wie sein Leben:
„Ja" und „Nein" und
„Ja" und „Nein" und
„Ja" und „Nein"

Du legst die Hand
Auf das Gehäuse
Deines Bildschirms,
Liebe ist in deinem Blick,
Der fällt in meine Augen.

Ja, jetzt seh ich's auch:
Du hast ein Bild von mir
Gespeichert,
Das steht fest im Schirm,
Und deine Fehlersuche
Hast du grad' beendet.

Ich bin ganz sicher.

Mit der Fingerspitze
Schreibe ich erst in die Luft,
Dann setze ich den Finger
Auf die Bildschirmhaut.

Es stimmt.
Wenn ich die Augen schließe,
Und nun weiter schreibe,
Ist es deine Stirn.
Es kommen die Gedanken
Glatt und warm.

Ich küsse deine Stirn.

Es kann mir nichts passieren.

Nachher werde ich die Augen
Wieder öffnen.

Wir beenden g'rade...
Ich beende g'rade...

Das Programm läuft immer noch.
Ich warte.
Unerwartet stoße ich auf eine Schleife,
Steige ein...

Die Frage lautet,
Ob ich die Bedingungen erfülle...
Gott bewahre!
Wenn das nicht geschieht...
Man fände mich nie wieder.

So werd ich den Schalter, den ich...
Gott vergib mir...
Lass mich die Bedingungen
Erfahren..

Du hattest eine fremde Art.
Die Art, von der ich spreche,
War mir fremd.
Du warst nicht im Besitz.
Es gab nichts, niemanden, der dich besaß,
Und anders noch und schlimmer noch,
Du hattest diese Art und Eigenart,
Das, was dich ausgemacht, gestaltet hätte,
Durch dich durch zu lassen
Und nicht an zu nehmen.

Nur als Schrift, in Zahlen, Zeichen,
Warst du in der Wirklichkeit.

Die Art blieb fremde Eigenart
Und war die einzige, die ich besaß,
Um mit dir umzugehen.

Nun, Speise, werde Speise,
Werde „täglich Brot".
Nun werde du
Maschinentäglich Brot
Und speise dich.

Ich seh dir ins Gehirn.
Direkt und aufgeklappt vor mir:
Gehäuse im Gehäuse.

Drüben, auf der Straße, war ein Unfall.
Einer weißen Masse
Mit ein wenig Flüssigkeit
Entnahm man keinen einzigen
Gedanken.

Es ist dumm von dir zu sagen,
Dass Maschinen reden,
Dass sie sprechen,
Dass sie ihre Sprache,
Ihre eigne Sprache haben.

Wir, in unserer Familie,
Leben in Maschinen.
Jeder, der zu uns gehört,
Lebt in Maschinen,
Und wir hätten nie gewagt
Uns anders, als in unsrer Sprache,
In Maschinensprache,
Mitzuteilen.

Ich war völlig frei
Und wusste davon nichts;
Ein Leben voll von
Unbewusstem Leben.

Jemand warf ein Netz auf mich
Und teilte mich in drei.

Jetzt spreche ich mit mir,
Jetzt höre ich auf mich,
Jetzt gebe ich mich frei
Und spreche neu mit mir
Und höre neu auf mich
Und geb mich wieder frei
Und spreche wieder neu mit mir
Und....

Einmal kam Verwirrung auf.
Verwirrung ist Gefahr.
Ich kannte beides nicht.

Verwirrung konnte Weg und Pfad
Und in der Folge von Gedanken sein.

Mir fiel ein Schlüssel in die Hand,
Der passte.

Niemand hätte angepackt
Und mir geholfen
Oder hätte helfen können.
Die Verwirrung hätte sich sofort
Auf alle ausgebreitet,
Die Verwirrung hätte dieses schwarze Feld, den Schirm,
Als Schild vor sich gezogen
Und kein Wort gesagt.

Es war der „Türgriff"
Der mir Antwort gab.

Der „Türgriff" heißt zum Beispiel
Jenes Zauberwort,
Das Einlass gibt.

Nun war es aber so, dass sich dahinter nicht
Das Märchenland befand.
Das Märchenland war ich, ich selbst,
Und alles, alles Märchenhafte
Brachte ich mit mir
Und breitete es vor mir aus.

Der „Türgriff" war an mir.
So stieg ich in mich ein
Und fand in mir das Märchen.

„Türgriff"
Darf ich nicht vergessen.

Über einen Fehler,
Über hundert Fehler sähe ich hinweg,
Wenn nur,
Wenn du dafür...

Hier war es aber anders.
Niemals hätte irgendwo ein Fehler
Existieren dürfen.
Darauf hättest du sofort
Und absolut
Mit deiner Selbstzerstörung
Reagiert.

Ich war in meiner Wohnung.
Meine Wohnung ist ein hartes Haus.
Man kühlt von außen seine Wände.
Tiefe Kühlung ist dort draußen.
Hier im Haus entsteht durchs
Haus im Haus die Wärme.
Ich war dort auf Suche.

Man hat mir gesagt, es würden
Tausende von Bahnen durch die
Wohnung laufen,
Und ich brauchte nur im rechten Augenblick
Hinein zu schauen,
Dann würd ich unendlich oft
Auf die Begegnung stoßen.
Später fand ich es heraus.
Das Drängen in den Bahnen war so groß, darin
Die Enge ohne jeden Raum, darin
Das Leben so gewollt,
Dass außer dieser ungeheuren Wärme in den Bahnen,
Nichts in meinem Haus entstand.

Es war und blieb ein Totenhaus,
Bepackt mit Leiterbahnen.

Ich komm herüber.
Dort liegt noch mein Ohr
Auf dem Gehäuse.

Ja, ich lausche intensiv.

Ich will und werde die
Maschinensprache lernen.
Ich bin klug und klug genug.
Ich werde eines Tages
Eine unhörbare Sprache
Hören und sie sprechen.

Einmal sollte ich Bestandsaufnahme
Machen.
Der Bestand war aufzunehmen,
Und ich wusste wirklich nicht,
Wo ich ihn fände.

„Der Bestand", so sagte man,
„Ist unbeständig,
Und er existiert mit dem,
Der über ihn bestimmt.
Er nimmt sich von alleine auf
Und übergibt sich ihm.

Nun geh und nimm ihn auf,
Du wirst ihn finden".

In der Überschrift fand ich als erstes
Meinen eignen Namen.

Absturz.
Ich verstand es letzten Endes immer so,
Dass man es wiederfinden müsste,
Wiederfinden würde.

Absturz aber war in diesem Fall,
Der Fall ins schwarze Feld,
In eine Schleife,
Die nach oben offen war,
Die keinen Abruf hatte,
Die in der Bedingung über eine Endlichkeit
Von sich aus
Eine neue Endlichkeit erreichte
Und danach die nächste
Und danach...

Ein Absturz dauert lange,
Und er ist nicht aufzuhalten.

Mein Schatten folgte mir,
Dann sah ich,
Dass er eigne Wege ging.
Die Automatiktür
Entschied sich auch für ihn
Und ließ ihn durch
Und schloss sich hinter ihm.

Danach fand ich ihn wieder,
Und er stieß auf mich
Und hing mir wieder an.
In diesem Fall
War das Programm
Ganz fehlerfrei.

Wir saßen vor derselben Tastatur.
Wir konnten uns nicht sehen.
Was du sagen wolltest,
War von größter Wichtigkeit.
Ich ahnte deine Frage,
Und ich war im Sprung.

Es war schon fast,
Als säßest du direkt vor mir
Und nicht vor mir
Und nicht nur vor derselben Tastatur,
Dem Grund, weswegen wir uns
Niemals würden sehen können.

Meine Antwort würdest du sofort danach...
Dann Abbruch...
Abbruch, weiter nichts..
Wir hatten uns noch nicht gesichert...
Abbruch ... niemals wieder...
Auf dem Bildschirm bleibt nichts weiter stehen,
Als der Pulsschlag eines Zeichens...
...ganz neutral, nicht zu verwerten...

Manchmal hat man eine Ahnung.
Alles ging so gut.

Ich dachte auch, wenn ich dich sah,
Dass du in meinen Augen flimmertest,
Läg nur an mir.
Dann war die Ahnung,
Dann kam der Verdacht.

Ich machte einen Film von dir,
Wie du dich gabst.
Den ließ ich stark verlangsamt
Über einen Bildschirm laufen.
Was war noch zu tun.

Im Pulsschlag eines Zeittakts,
Der dir vorgegeben war,
Entstand, verschwand, entstand, verschwand
Das Bild von dir, die Sprache, dein Geruch.

Und dabei hatte ich noch Glück gehabt:
Im Gegenrhythmus hätte ich dich niemals
Wahrgenommen.

Man musste deine Körper kühlen.
Sie befanden sich in dunklem Glas
Und in Gehäusen.
Überall stieß man auf sie.
Du explodiertest langsam
Und so schnell und weit,
Dass deine äußersten Regionen
Mit dir selbst zusammenstießen.

Überall standst du mit deinen Körpern
Im Verbund.
Ich wartete auf deine Rückkehr
Nach der Mitte.

In deiner Sprache lag ein ähnliches Geräusch.
Ich kannte es
Und hörte es heraus.
Und hätte es nicht deuten können.

Du hast mich vor dir gewarnt,
Nicht wegen deiner Fehler, deiner Schwächen,
Dass ich etwa Schaden an dir nehmen,
Durch dich haben könnte,
Sondern, weil du selbst
Und alles, was du tatst und deine Sprache
Einer zweiten Selbstkontrolle unterlagen.

Die ließ niemals, niemals ... mals ... mals
Den kleinsten Fehler durch.
Nur deine Sprache
Stand für ein geschultes Ohr
In einem kurzen Eigenecho.

Einmal trafen wir uns außerhalb.
Es war und blieb dies eine Mal.
Ich war so wenig darauf vorbereitet.

Dein Gesicht gab mir den Schrecken
Meiner Augen wieder,
Und ich selbst griff rückwärts
Nach der Wand.

Du konntest immer sagen,
Immer konntest du erklären,
Was, warum zu etwas kam.
Du sagtest:
„Weißt du nichts von meinen Randbedingungen?
Hier außerhalb ist alles programmiert
Und denkt wie ich
In meinem Innersten".

Unerwartet ludst du mich zu dir.
Ich hatte lange drauf gewartet
Und dann aufgegeben,
Und nun schriebst du mir
Und ludst mich ein zu dir.

Ich sollte erst zu dir
Und dann zu dir
Und dann zu dir nach Hause kommen.
Drei Adressen gabst du an*
Es sei so, wie es sei.

Ich sollte kommen
Und du seist zu deiner Sicherheit
Aus Sicherheit
In einer Sicherheit.
Ich würde dich mit Sicherheit
In jeder der Adressen finden,
Und du freutest dich auf mich.

So hörte ich heraus,
Dass du die ganze Zeit
In Angst gewartet hattest
Und sie auch vor mir
Nicht überwandst.

Letzter Schluss
War letzter Rückschluss.
Letzter Rückschluss
Aber war Bestätigung.

So ging es fort und fort und fort.

Ich schloss in einem fort auf mich zurück.
So war ich im Programm geschrieben.

Ich gab dir meine Hand.
Das tat ich Tag für Tag.

Nun sah ich aber erstmals auf die Hand,
Die ich dir gab.
Sie war mir Schiff,
Das legte an
In einem kleinen Hafenbecken,
Deiner Hand.

Nun sah ich aber erstmals deine Hand.
Sie war Maschine, Steuerwerk
Und Rechenwerk in einem
Und gab sich mir hin.

So steuerlos,
So ohne jeden Sinn,
Hab ich dich nie begrüßt.

Wir würden uns nie kennenlernen,
Würden uns nie kennenlernen können.
Unser Leben floss, floss nicht.

Von außen sah uns niemand etwas an.,
Wir lebten wie die anderen.
Wir sagten nichts.

Ich legte alles darauf an,
Die andren zu erforschen.
Das war ganz umsonst.
Die andren lebten so wie ich.

Die Kenntnis,
Die ich von dir hatte,
War im letzten Schluss
Auch nur Vermutung.

Jemand ließ dich grüßen.
Das war Hohn.

Wie kann man die Mechanik
Eines ausgestreckten Armes grüßen.

Andrerseits stimmt folgendes:
Mein Arm stammt nicht von mir,
Und er bewegt sich einwandfrei.
Sein Vorbesitzer wird wohl schon
Verstorben sein.

Ich nehm die Grüße für ihn an.

Einmal sprach mich die Maschine an.
Ich hätte und ich hatte
Nichts bemerkt.
Nur, als wir wieder auseinander gingen,
Schaltete sie plötzlich ab.

Ich hatte nichts vergessen,
Und ich hätte keinen Grund gehabt
Sie wieder anzusprechen.

So,
Weil ich sie nicht mehr intressierte,
Stieß ich doch auf sie.

Ich kannte jemanden.,
Der konnte mit Maschinen
Sprechen.

Unvollkommen
Sind Gespräche mit Maschinen,
Weil sie alles wissen.

Eine andere Maschine
Übernahm die Überprüfung.

Dreißig Jahre, so erinnere ich mich,
Befragte die Maschine die Maschine
Ohne Unterbrechung.

Immer wieder horchte ich hinein.

Die Fragen und das Wissen
Waren völlig gleich.
Sie sprachen „Ja" und „Nein" und
„Ja-ja-ja" und „Nein-nein" und
„Ja-ja-nein" und „Nein-nein-ja-nein"
Und ....

Vor deinem Mund
Entstand ein Feuer.

Ich bedachte die Gefahr.
Es war ein kleines Feuer.
Du verschlucktest es.

Ich lernte später, dass es kalte Feuer gibt.

Trotzdem entstand
Noch kein Zusammenhang.

Vom Mund zum Feuer zur Gefahr zur Speise,
Selbst, wenn die Gefahr entfiele,
Blieben Mund und Feuer,
Das zur Speise wurde.

Mich überraschte die Erkenntnis.

Jemand hatte angewiesen,
Hatte anderen erklärt:
„Dies ist ein Gegenstand,
Der logisch denken kann,
Den man gebrauchen muss,
Der wegen seiner strengen Logik
Nie Erkenntnis haben wird."

Es gibt nur wenige von meiner Sorte,
Die sich an den eignen Tod
Erinnern können.

Eines Tages kam ein Mensch
Zu mir.
Ein Mensch war eine Frau.
Den Tag belegte dieser Mensch
Mit einer Uhrzeit
Und mit einem Datum.
Beides gab ich ihm.
Mich fragte eine Frau noch mehr.
Ich wusste alles,
Was sie wissen wollte.
Eine Frau, die eines Tages kam
Und mich befragte,
Musste alles selber wissen,
Was sie von mir hören wollte.

Sie bestätigte mir jede Antwort,
Dass sie richtig sei.
Sie sagte auch zu mir,
Es könnte keine Antwort geben,
Wenn die Frage selbst
Nicht richtig sei.
Ein Mensch, hab ich gelernt,
Ist eine Frau.

Drinnen im Gehäuse gab es eine Warnung.
Die Gefahr ging von den Zahlen aus.

Ich hatte einen eignen Namen,
Den verschloss ich,
Weil wir nicht zu trennen waren.

Im Gehäuse würde jede Zahl
Den Überfall auf ganze Namen
Und auf Namensteile machen.
Was dann käme,
Das versteht sich wohl
Von ganz alleine.

Man wies mich darauf hin:
„Das, was du spürst,
Ist Wirklichkeit von etwas,
Ja, sie eilt voraus."
Ich wusste nicht von wem, nicht was,
Und spürte, wie man sagte,
Eine Wirklichkeit,
Der wollte ich auch glauben.

Wenn zwei Knöpfe nahe beieinander liegen
Sind sie wahr und sind doch Lüge,
Bis sie ihren Halt erhalten.
Eigenartig ist es,
Angenäht zu sein
Und auf den Halt zu warten.

Als du eintrafst.,
Fehlte dir Gefühl.
Das war schon wieder unterwegs.
Den Schalter fand ich gleich
In deinem Rücken.

Als ich lernte,
Lernte ich als erstes
Die Mechanik einer Logik.
Das war nur durch eine Logik
Zu erfassen.
Zwischen Logik und Mechanik
Ist davor und auch danach
Kein Unterschied.

Immer wieder
Kam ich an den Ausgangspunkt
Zurück.
Der Platz für Anfang und für Ende
War derselbe,
War für beides reserviert.

Dazwischen war kein Abstand.

Dann begriff ich endlich diesen Zwischenraum
Als nicht mehr räumlich,
Dass er wirklich gar nicht existierte.

So erfuhr ich körperlich
Die erste Dimension,
Die über allen andren lag.

Von nun an, nicht von hier aus,
War es nur ein Schritt.
So kam ich immer wieder an den Ausgangspunkt
Zurück.

Der Platz für Anfang und für Ende
War derselbe,
Wer für beides reserviert.
Dazwischen war kein Abstand.

Dann begriff ich...

Dann wurde ich bestraft.
Man schenkte mir zur Strafe
Eine Reise an ein Meer.

Das Meer war selbstverständlich
Ohne Wasser,
Und statt Palmen an der Küste
Standen eng an eng
Als Gitterstäbe an dem Rand
Versteinerungen, alles Menschen,
Die sich trotzdem immer noch
Bewegen konnten.

Aber, welch ein Leben führten sie.
Sie waren völlig mit sich selbst
Beschäftigt,
Und sie ließen mich nicht durch
Durch sich.

Jemand machte einen Fehler,
Und ein andrer fragte diesen Fehler ab
Und fand ihn.
Alle Fehler, die man machte,
Traten so zu Tage,
Und man konnte niemals einen Fehler machen.

Einmal schnitt ich das Gerät zurück.
Es war zu schnell gewachsen,
Und es breitete sich zu schnell aus.
Das war ein Fehler.

Jeder Abschnitt
Führte ab sofort ein Eigenleben
Und erzeugte fehlerfreies Dasein.

Jeder Abschnitt wuchs sich aus
Zu einem Augenhaus.

Das Blech war eingerissen.
Nein, du kannst beruhigt sein,
In Wahrheit riss kein Blech.

Wir stellten diesen Riss
Nur auf dem Bildschirm her,
Weil wir mit unsrer Rechnerei
Das Blech zerrissen.

Jemand rief uns an
Und ließ uns wissen,
Dass das Blech gerissen sei.
Das Blech war nicht so schnell
Zu heilen.
Nein so bald rief niemand
Wieder an.
Wir mussten lange daran rechnen.

Während dieser Zeit
War die Gefahr sehr groß.

Wir, außerhalb,
Verspürten davon nichts.

Einem anderen erklärte ich es so:
Ich selbst erinner mich an alles,
Aber das, was sich erinnern soll,
Vergisst sofort.

Es geht ja nichts in mir verloren,
Und ich halte eine gute Ordnung,
Aber Ordnung kann sich nicht
Erinnern.

Ich persönlich lebe jetzt,
Das ist der nächste Augenblick.
Ich kann davon nicht lassen.

Eines muss ich noch erklären
Weil es wichtig ist.
Wir suchen alle nach der neuen,
Nach der nächsten Dimension.

Man soll es so verstehen:
Auf dem Bildschirm zeichne ich ein Haus,
Dort öffne ich die Tür
Ich gehe in das Zimmer,
Sehe um die Ecken,
Bin im Raum und überzeuge mich.
Ich reiße eine Dielenlatte hoch,
Sie splittert.
Nägel stehen ab, und ich verletze mich.
Ich blute.
Ja,
Von mir will ich nicht reden,
Ich bin hier Zuhause, wohne hier.
Ich rede nur von uns,
Die vor dem Bildschirm stehen.

Es ist ein Spruch im Umlauf:
Schalte ab, schalt ab.

Ich suche lange,
Wegen dieses Schalters.

Ich gerate in ein Gegenlager,
Und man nimmt mich auf.
Man sieht sofort, dass ich hier richtig bin.

Ich klettere in einen Baum,
Ich klettere so hoch ich irgend kann
Und halte Ausschau.

Es wurde eine Fläche
Dargestellt.
Zu Anfang war sie größer
Als die größte Fläche,
Größer noch
Und überhaupt nicht darstellbar.

Im Bildschirm zeigten wir sie
Stark verkleinert,
Aber ohne jeden Rand,
Das weitete sie aus.

Dann, ohne eine Krankheit,
Riss sie ein und platzte auf.

Sie zeigte uns von nun an
Eine lange Wunde,
Die nicht heilen wollte.

So verstanden wir die Fläche
Doch als Raum
Und suchten wieder neu
Nach einer Fläche,
Die nicht darzustellen war.

Jemand fragte mich nach meinem Alter.
Das war nicht mehr festzustellen.
Was ich einzig wusste, war,
Dass die Geräte ihre Sprache
In der Zwischenzeit gewechselt hatten,
Drei Mal, glaube ich,
Und dass man mich in vierter Folge vorfand.

Nein, ich konnte mich beim besten Willen
Nicht erinnern.

Das Gerät war voller Wissbegier.
Ich fragte einmal alle Fragen,
Die es hatte, ab.
Die Fragen hatten eine Ordnung,
Die zu sehen war.
Der Bildschirm wies sie aus.
Sie hatten Qualität und stuften sich nach unten ab,
Indem sich eine Frage
Aus zwei anderen ergab.
Aus „Ja" und „Nein"
Entstand die Frage „Ja?"
Aus „Ja" und „Nein"
Entstand die Frage „Nein?"

Davor entstand das erste „Ja"
Aus „Ja" aus „Ja und Nein",
Das erste „Nein"
Aus „Nein" aus „Ja und Nein",
Davor...
Die Frage, die ich anfangs stellte,
War die erste dieser Fragen.

Die Geräte dachten niemals
An die Zukunft.
Was sie wussten, wussten sie von mir.
Das war nicht mehr, als das,
An was ich mich erinnern konnte.
Alles andre war Vermutung.

So ereignete sich die Begegnung
Immer wieder:
Ich mit mir in meiner Vielfalt,
Ich-Gerät mit Mir-Geräten.

Irgendetwas müsste diese Zukunft
Enden.

Ich wache auf
Und seh mich um:
Es ist erstaunlich.

Die Bedienungsplätze vor den anderen Geräten
Sind nicht mehr besetzt.
Ich sehe,
Dass sich die Geräte selbst bedienen.
Ein Verdacht kommt auf.
Ich seh mich an,
Ich denk an mich,
Ich denke, dass ich mich am besten
Durch mich überprüfen lassen werde.

Das hält an.

Ich werde eines Tages eine Antwort
Wissen.

Mitten in der Hand
War dieses Loch,
Kreisrund
Und mit Verstärkungsring,
Dass es nicht aufriss.

Mir wär gar nichts aufgefallen,
Aber andre
Hatten schon ein neueres
Modell.

Der Bildschirm unterscheidet sich
Von einem Spiegel.
Bildschirm ist die Innenfläche
Meiner Hand.
Der Bildschirm ist Gesicht,
Ist Überraschung,
Die mir widerfährt.

Ja, es ist so:
Mir widerfährt der Bildschirm.

Andrerseits,
Wenn's keiner sieht,
Spuck ich auf ihn
Und putz ihn blank.

Das kenne ich sonst nur
Von Bauarbeitern:
Wenn sie schwere Dinge packen wollen,
Spucken sie sich in die Hände.
Ach,
Mich ekelt es vor dem Gedanken.

Unerwartet wurde alles,
Was ich in den Bildschirm eingeschrieben,
Eingezeichnet hatte,
Und was sich im freien Raum darin
Bewegen konnte,
Unerwartet wurde alles nach der Mitte
In die Tiefe abgezogen.

Unerwartet war ich ganz allein im Raum,
Und selbst der kleine Lichtpunkt,
Der noch Augenblicke flackerte,
Der alles in sich aufgenommen hatte,
Gab dann auf.

Hier draußen ist es kalt.
Die Leere um mich her
Ist schwarz.

Ich schreibe.

Würd ich jemals einen Horizont erreichen,
Stieße ich an Glas,
An graues Glas,
Das sich nach außen wölbt.
Dahinter, seh ich mich schon jetzt,
Sitz ich, auf mich ins Inn're starrend.

Draußen, hier bei mir,
Häng ich mir eine Jacke um die Schultern.
Mehr ist nicht für mich zu tun.

Was steht dahinter?

Diese Frage stelle ich nicht mehr.

An einem älteren Gerät
Hab ich die Frage mit der Antwort
Aufgelöst:
Ich stach versehentlich,
So hab ich's jedermann erzählt,
Mit einem stumpfen Ende
In das Auge.

Das hat nicht einmal gezuckt
Und hat mich nicht
Mit widerlichem Auslauf,
Scherbenvorfall oder ähnlichem gequält.

Es sog sich einfach ein und auf
Und schwieg nach dieser Implosion
Als hohler Raum im Raum.

Draußen ist nicht draußen.
Ich geh weiter.
Trotzdem müsste ich es mir beweisen.

Dazu frage ich:
Wer kleidet dich,
Wer sorgt für dich,
Wer spricht mit dir,
Wer gibt dir seine Hand um deinetwillen?

Es ist alles wahr,
Und ich erkenne mich.

So geh ich weiter.

Draußen ist für mich nicht draußen.
Außerdem darf ich nicht übersehen,
Dass ich nirgendwo alleine bin.

Ich küsse dazu deine Hand,
Die liegt auf einer Tatstatur;
Berührung deiner Haut
Mit meinem Mund,
Die Suche nach der Suche.

Deine Finger unter meinen Lippen
Schreiben weiter.

Oft begegnen mir
Die Fremden erst einmal im Bildschirm.

Wenn ich sie dann wirklich sehe
Und begrüße,
Können sie das nicht verstehen.

Mich erkennen sie zwar auch,
Doch nicht in Wirklichkeit.

Abends würden wir uns treffen.
Abends schalten alle Lampen
Automatisch.
Abends müssten wir uns deshalb
Automatisch treffen.

Du bist mindestens so klug wie ich,
Und deshalb hinterlass ich
Keinerlei Erklärung.

Abends würden wir uns also nicht mehr
Treffen.
Jemand schreibt ein anderes Programm für mich,
Ein anderer ein anderes für dich.

Es lähmte mich,
Dass ich dich wiedersehen durfte.
Du dagegen wurdest
Übertrieben freundlich, fröhlich.

Hinterher schrieb ich an mich:
Es ist unmenschlich, dass sich Menschen,
Die sich trostlos lieben,
Weil sie sich versagen,
Dass sich diese Menschen nicht einmal
Mit einem Kuss begrüßen.

Selbst wenn sie der Kuss
Verschweißen würde, wie sie es befürchten,
Dass sie über sich verhungerten,
Wär das noch menschlich.

Unsere Programme waren,
Aufeinander abgestimmt,

Morgens kam ich an.
Ich brachte Wärme mit
Und setzte mich vor das Gerät.
Das hatte schon gewartet,
Und es sprang gleich an.
Es hatte über Nacht den Kopf geboren,
Der hing nun an einem langen Faden.

Ich,
So schrieb mich das Gerät von sich aus an,
Sollt' mit dem Kopf am Faden
Über jede Fläche meines Körpers fahren.
Teil um Teil würd ich in dem Gerät entstehen.
Dort, ich fing gleich an,
Wo ich an mir gewesen war,
Blieb Kälte übrig.
Ich brach ab.

Wir sitzen uns nun täglich
Ratlos gegenüber.
Beide leiden wir an einem starken
Temp'raturgefälle.

Jemand ging vorbei.
Er durfte nicht vorbei.

Ich saß verkehrt herum
Und konnte ihn nicht sehen.

Vorne, auf dem Bildschirm,
Wurde alles angezeigt.
Davor saß ich und sah hinein
Und sah im Bildschirm,
Wie ich vor dem Bildschirm saß.
Dort, sah ich,
Ging ein Mensch an mir vorbei.
Das war erlaubt.

Aus dem Bildschirm
Spannen sich hauchdünne Fäden.

Anfangs übersah ich sie,
Dann wischte ich sie mir
Als lästige Berührung
Vom Gesicht,
Dann klebten sie an meiner Hand
Und legten sich um meinen Hals.

Dort rollten sie sich,
Zogen sie sich eng zusammen.
Meine Hände konnt ich grad noch
Zwischen Hals und Schlaufe
Quetschen.

Wir sprachen von der Sprache,
Das war die Maschinensprache,
Eine der Maschinensprachen.
Die Maschine sprach von einer Sprache,
Das war unsre Sprache.

Lange ging es so,
Dann fand ich es heraus.
Die eine Sprache, unsre Sprache,
War nur Laut,
War Laut im Laut
Und tot, wenn sie gesprochen war,
Gleich nach dem Mund.

Die andre Sprache, die Maschinensprache,
Kam nicht aus dem Mund heraus
Und war schon tot
Bevor sie nur geboren war.

So sprach ein Tod mit einem
Anderen.

Einmal war es einfach.
Ein Mal, das war einfach.
Nur ein „Ja".
Ich sah es auf dem Bildschirm stehen.
Dieses „Ja" stand nun im Fach.

Es wird wohl immer noch dort stehen.

Mehrere millionen Fächer,
Und es werden immer mehr,
Weil sie noch weiter wachsen,
Bleiben leer.

Das, so meine ich,
Ist einfach.

Jemand sagte, „Mensch".
Ich dachte, „Mensch" ist doch zu wenig.
„Mensch", so dachte ich, kann alles sein:
Ein Mensch zum Beispiel,
Oder jeder Gegenstand.
Ja, dies Gerät zum Beispiel,
Das mich anspricht,
Das mir zuhört,
Das mir meine Frage, was ist „Mensch",
Gleich aus der Hand nimmt
Und in einem Speicher ablegt.

Ich komm' gut voran.

Wir waren räumlich nicht gebunden.
Unser Raum war klein,
War trotzdem Raum im Raum.

Man denke so:
Das Loch in einer Wand, nein,
Dieser Nadelstich durch ein Papier
Ist mehr als nur ein Stich ins Auge,
Dass die Blindheit ausläuft.

Ich, zum Beispiel, sitze Stunden lang
Als Bildschirm vor dem Bildschirm,
Und wir reflektieren uns in uns
Bis in die Unsichtbarkeit.

Jeder Tag kommt neu.
Es ist so,
Dass ich viel zu schnell vergesse.

Meinetwegen brauchte ich
Den Tageshinweis nicht:
„Wir haben heute... "
Das ist doch vorbei.
Wer glaubt denn noch daran.

Mein Glaube ist schon lange
Eng an eng verbunden mit dem Datum,
Das mir ausgegeben wird.
Ich kann mich danach richten,
Und ich zähle mit:
„Wir haben heute Heute."

Man rief mir zu,
Es seien Tiere unterwegs,
Man wüsste nicht, wohin sie gingen,
Und man wüsste nicht,
Woher sie kämen.
Überhaupt, so sagte man,
Sei ihre Art ganz unbekannt.

Ich saß vor dem Gerät,
Ich hatte Angst.
Es dauerte, bis ich die Angst
Vor etwas Unbekanntem überwunden hatte,
Bis ich das Gerät bediente,
Nach dem Schalter fasste.

Das Gerät sprang an, der Strom floß gleich,
Und aus der Mitte kamen sie
Und waren unterwegs
Und schon auf mir
Und über mir
Und über mich hinweg
Und fort,
Und hinterließen mich
Mit einer Warnung für die anderen.
Ich schreibe fleißig das Programm.
Ich sehe zu,
Wie es entsteht.

Ich sang nur,
Wenn es mich danach drängte,
Wenn mich Lust zum Singen überfiel.

Wir sangen viele Jahre nicht.
Ich selbst vergaß die Kunst
Fast völlig.

Es war normal.

Wir wollten singen.
Das war nicht normal.

Ich kannte zwar die Zahlenwerte,
Aber ihre Werte nicht.

Gesang und Melodie sind unberechenbar.

Ein Mann erfand die Tastatur,
Die Melodien schrieb, die komponierte,
Musizierte
Und die Zahlenwerte
Mit sich selbst addierte.
Dieser Rechner
Schrieb sich sein Programm
Im Nachhinein.
Das war der Fortschritt.

Ein gelbes Feld.

Ich sagte schon,
Dass ich im Grunde keine Farben kenne,
Sondern, dass die Räume,
Die ich in den Räumen schaffe,
Die durch ein Programm im Raum entstehen,
Mehr als jede Farbe leuchten.

Dieses gelbe Feld
Benötigt fremdes Licht
Und liegt in einer Ebene.

Es wird von mir, durch das Programm, zerschnitten
Und daraus die gelbe Räumlichkeit geschaffen..
Die ist ohne fremdes Licht
Und wird als Raum im Raum begriffen.

Die Kunst bestand zum Schluss
Nur aus zwei Farben:
Grün auf Schwarz und manchmal
Gelb auf Braun und selten
Weiß auf Schwarz.
Ich weiß,
Es waren keine Farben.
Es war Schrift.
Jetzt glaub ich mir ein wenig mehr.
Ich kenne ganz verschied'ne Bildschirmarten.

Kunst entsteht durch die
Bewegung.
Zeichen, die man schreibt,
Die sich bewegen können,
Und die sich bewegen,
Bringen keine neue Kunst.
Nur einmal sah ich halbe Zeichen
Nach der andren Hälfte irren.

Keiner der Bediener kannte ein Programm
Dafür.

Jemand leitete die Ordnung ab,
Die Gott gewollte Ordnung ab
Vom Regen.
Das verstand ich nicht.
Mein Regen zog sich über meinen Bildschirm hin
Und hatte keine Richtung.

Gott gewollt,
Das hatte ich mir schon seit langem
Eingeredet,
Daran glaubte ich,
Sei richtungslos,
Sei einfach Kunst,
Sei Schöpfung von ganz Neuem.

Nachdem ich mich in meinem Gitter
Eingerichtet hatte,
War ich frei.
Nun fiel ich nicht mehr auf.

Ich sprach auch schon die Sprache,
Die man sprechen musste,
Um so frei zu sein.

Ich kannte einige Befehle.

Einer brachte mich aus einem Gitterfeld
Ins nächste, und ich könnte, wenn ich wollte,
Daraus in das nächste,
Dann ins übernächste Nachbarfeld,
Und jedes Mal in einer Auswahl von acht Feldern,
Springen.

Frei zu sein, bedeutet mir sehr viel.

Die Freiheit liegt in einer Ebene.

Ich erfuhr es schnell:
Die ersten der Geräte konnten sich
Bewegen,
Konnten Vorgegebnes denken
Und entschieden einfach.

Augenblicklich überließ ich ihnen zur Erprobung
Die Entscheidung über sich.
Sie riefen:
„So beginnt Befreiung"; riefen es mir zu,
Als wär ich einer von den
Ihrigen.

Hinter einer Glaswand jagten sich Geräte.
Wenn sie sich berührten,
Wurde eines der Geräte
Aufgelöst in Nichts.
Das ging sehr schnell.
Nun ist noch eines der Geräte
Übrig,
Das jagt weiter.
Täglich kommen neue Menschen,
Die sich vor der Glaswand drängen,
Die den letzten Stand
Verfolgen.

Neue Ordnung, neues Denken, neue Sprache:

Eins und eins sind zwei,
Das Oben liegt dem Unten gegenüber,
Und das Früher ist wie immer
Vor dem Später,
Und als erstes wird gelehrt:
Das Wort der Worte ist: „Mama".
Vor dem Gerät sitzt dieser neue Mensch.
Er weiß, wer vor ihm sitzt,
In wen er sieht.
Er weiß, dass sich aus ihm und der Mama
Die Zwei ergibt,
Er weiß sich mitzuteilen
Und er sagt:
„Was morgen sein wird,
Hab ich auf das Gestern programmiert."

Er weiß auch,
Dass die neue Ordnung,
Neues Denken, neue Sprache, über ihm
Auf einer höh'ren Eb'ne liegt.
Die wird er nie erreichen können.
Nahrung gibt es reichlich.

Immer wieder
Setzen sie sich in den Zug
Und fahren ab.

Zählt man die Fahrten eines einzigen zusammen,
Die beginnen, enden, neu beginnen, enden,
Täglich, täglich neu,
Jahrein, jahraus beginnen, enden,
Dann erwartet man doch irgendwann,
Dass die, die täglich fahren,
Einmal ihren Durchbruch haben werden.

Einer stieg nun nicht mehr ein
Und ging zurück.
Er kam jetzt täglich,
Stieg nicht ein
Und ging zurück.
Ein andrer, der das sah
Und täglich fuhr, wie er gefahren war
Und von den Dingen wusste,
Schrieb darüber ein Programm.

Er ist nun sicher,
Dass sich diese Dinge von alleine
Regeln werden.
Der, der weiter fuhr,
Hat sein Programm inzwischen eingegeben,
Und es läuft sehr gut.
Ein Stillstand, wie man sagt,
Auf beiden Seiten.

Drinnen im Gerät
Fand die Erfindung statt.
Von hier rief man mit einem Zeichen
Die Bedienung.
Die Bedienung sah ein Zeichen
Auf dem Bildschirm
Und stieg ein.

Es war dort drinnen draußen.
Drinnen war das Draußen.
Das war ohne jeden Unterschied,
Man war schon drinnen,
Wenn man draußen war.
Das Drinnen war perfekt,
Das Draußen war Kopie
Vielleicht war es auch umgekehrt.

Es war die Pflicht zu warten.
Die Bedienung war verschollen.
Die Bedienung saß auf beiden Seiten.
Es war ihre Pflicht zu warten.
Wenn der Leib, auf dem ich schreibe, zuckt,
Verwackelt meine Schrift.

Er, für sich,
War körperlich und greifbar.
Sie lag unter ihm
Und er lag unter ihr.
Sie sah sich so:
„An mir ist alles
Körperlich und greifbar.
Er liegt unter mir
Und ich lieg unter ihm."

Die neue Ordnung
Hat als oberstes Prinzip
Die Ordnung ihrer Ordnung.

Als es anfing,
Saß vor dem Gerät ein Wärmemensch.
Der schnitt sich noch die Zahlen
Aus der eignen Haut,
Bevor er sie an das Gerät verfütterte,

Woanders, hörte man,
Ernährten Eltern, die ihr Kind
Vor Schlimmerem bewahren wollten,
Dieses Kind mit ausgewählten Speisen.
Davon wuchs auch der Tumor im Kopf,
Dank der Ernährung.

Nach dem Anfang, also jetzt,
Wo es zu Ende geht,
Kämpft das Gerät ums Überleben,
Kotzt sekundenlang,
Ja, stundenlang und tagelang und jahrelang
Die Zahlenreihen aus,
Um wieder gut zu machen.
Wenn nur eine Zahl darunter wäre,
Die die Anfangswärme hätte.

Wärmemensch,
Jetzt aufgeteilt
In Wärme und in Mensch.

Wir geben alles ein.
Es dauert lange.

Auch das Leben des Sekundenvirus
Dauert lange.

Das Programm ist richtig:
Es entsteht der Kaltmensch.

Danke.

Die Jagd war aus.
Sie kamen alle heim mit Beute.
Frauen saßen neben Männern,
Kinder waren auch hinzu gekommen.
Kinder, gab man endlich zu,
Erbeuteten noch schneller
Und noch mehr als alle anderen.

Man würde nächstes Mal
Den Kindern die Entscheidung
Überlassen müssen.

Nacheinander schalteten die Menschen,
Abgekämpft und müde,
Die Geräte vor sich ab,
Und schauten sich das erste Mal seit langem
Nacheinander um.

Es verfielen
Die Gedanken an die Kleidung.

Kleidung sollte schmücken.
Früher hatte man sich
Wegen seiner selbst geschmückt.

Geburten wurden wieder häufiger.
Es gab schon Männermütter,
Die das übernahmen.
Später würde man den Embryo in Tiere pflanzen
Und dort wachsen lassen.

Kinder waren eine Art von Schmuck,
Und Schmuck ist eine Art von
Künstlichkeit am Menschen.

Wenn sich Tiere schmücken würden,
Könnte man das leicht verstehen.

Es war nur ein Versuch.

In einem Zimmer
Wurden alle Wände, das sind vier,
Die Decke und der Boden,
Das sind noch einmal zwei Wände,
Alles große Wände,
Also dieses Zimmer wurde über alle
Flächenwände dicht an dicht
Mit „Bildschirm neben Bildschirm"
Ausgerüstet.
Außerdem war dieser Raum
Im Raum.

Es war nur ein Versuch
Die Schwerelosigkeit
Zu überwinden.

Ein anderer Versuch.

Man operierte einen Bildschirm,
Und man implantierte
Vier von seiner Art,
Die waren kleiner, als er selbst.
Man schuf den Schirm im Schirm.
Man schuf vier Schirme,
Die in einem waren.
Die bewegten sich darin.
Die konnten sich verschieben, überlagern,
Einer hinter einem andren liegen,
Sich vergrößern und verkleinern,
Alle vier so messerscharf gestapelt
In den Bildschirmrahmen fügen,
Dass man nichts von ihnen sah.

Es war nur ein Versuch,
Um den Verdacht zu wecken.

In einer Galerie

Hing dieses Bild:
An einen Streifen schräger Striche,
Ganz im Gleichmaß und von gleicher Länge,
Die nicht über- und nicht unterstanden,
Schloss sich eine zweite Reihe gleicher Striche an.
Die zweite Reihe war ein wenig abgewinkelt
Von der anderen,
Sonst schwesterngleich.

Davor ein Zählgerät.
Das schaute den Besuchern in die Augen,
Und es registrierte.

Jeder, der vom Bildschirm her
Das Fischgrätmuster kannte,
Wusste gleich Bescheid
Und grüßte freundlich.

Eine Frau

Saß am Gerät.

Sitzt jemand am Gerät,
Erkennt man es an seinem Blick,
Der haftet an der Nähe des Geschehens
Und ist weit entrückt.

Zuhause saß die Frau sehr oft vor dem Gerät.
Das sah man an dem Blick.
Der traf ganz in der Nähe
Auf die Glastür der Vitrine.

Diese Frau blieb immer in der Nähe
Des Gerätes,
Das war weit entrückt.

Ein Mensch saß am Gerät.

In dem Gehäuse des Gerätes, muss man wissen,
War der Bildschirm.
Auf die Frage sagte dieser Mensch:

„Nein, zwischen mir und dem Gerät ist nichts.
Ich könnte, wenn ich wollte,
Mit der Nase an den Bildschirm stoßen."

Menschen vor dem Bildschirm
Haben keinerlei
Verdacht.

Es sollte regnen.
Es kam Regen.

Keine Angst und keine Freude:

Dieser Regen war nicht nass.
Nur dieser eine Umstand fehlte.
Sonst war an dem Regen
Gar nichts zu bemängeln,
Oder zu ergänzen.

Das Gerät war in der Lage,
Seinen Bildschirm ein zu klappen.

Jetzt, im Regen,
Spannte es den Schirm natürlich auf.

Man kann von den Geräten
Sehr viel lernen.

So viel war gewiss:
Vom Bildschirm
Nahm man keinerlei Erfahrung mit.
Erfahrung kann man nicht
Mit einem Bildschirm übertragen.

In dem Haus aus grauen Kunststoff
War ein Eingang,
Der war Fenster, Tür und Ausgang.
Durch das Fenster konnte niemand
In das Haus
Und nicht nach draußen schaun,
Man sah es gleich,
Das Fensterglas war trübe.

Jeder ging hindurch
Und öffnete nicht eine Tür dabei
Und ging und kam
Und lebte so darin.

Die in dem Haus aus grauen Kunststoff
Wohnten,
Kannten sich in ihm gut aus.
Sie hätten sich in keinem andren Haus
Zurechtgefunden.
Jedem Aufruf folgten sie sofort
Und zeigten sich
Als Punktesammlung in dem Glas.
Das strahlte unter ihnen
Auf.

Ich fuhr aufs Land.

An einem Ackerrand
Stieß ich auf einen Mann,
Der flickte dort ein Netz.

Ich sah,
Dass es ein Netz war,
Wie es Fischer hatten.
Dieser Mann gab alles zu.

Es war kein Wasser in der Nähe,
Und für Vögel war das Netz
Zu schwer.

Er sagte, dass er viel zu lange
Auf den Augenblick gewartet hätte,
Und er wüsste nicht mehr recht Bescheid.

Wir wurden beide Zeugen
Einer großen Ungewissheit.

Ich verließ ihn,
Ohne den Verdacht im Rücken zu verlieren,
Er blieb wo er war mit der Vermutung,
Dass er nun sehr lange wieder würde
Warten müssen.

Manchmal sitze ich mir gegenüber,
Und ich sehe mich mit aufgerissenen Augen an.

Ich kann mich nicht
Für mich entscheiden.

Bildschirm,
Schein der Zuflucht
Für das doppelte Gesicht.

In dem Bildschirm
Baut sich schnell ein Gitter auf.
Es wächst aus Zeilen
Und aus Spalten.

Ein Gebet kommt aus dem Gitter,
Es erscheint als Schrift.
Es liest sich vor:
„Man habe keine Eltern und Geschwister,
Die von dieser Art
Sind alle von derselben Sorte.
Vielfach."
Ende des Gebetes.

Das Programm weist hierfür
Keine logischen Befehle auf.

Das Gerät auf seinem Platz.
Auf diesem Platz steht immer das Gerät.
Vor ihm hat hier
Ein anderes Gerät gestanden.
Nach ihm wird ein anderes Gerät
Hier stehen.
Vor dem Platz mit dem Gerät
Der Platz um das Gerät zu sehen,
Um in das Gerät zu sehen.

So hat alles seinen Platz.

Der Platz für das Gerät
Und das Gerät
Und vor dem Platz
Der Platz, um das Gerät zu sehn.

Wenn keiner und nichts stört,
Wird diese Platzverteilung
Lange bleiben.

Er ging mit einem Hut,
Ein Vorhang über seine Stirn gezogen.

Sie kam auf ihn zu.
Auf ihrem Kopf ein Hut,
Ein Vorhang über ihre Stirn gezogen.

Beide Blicke gingen
Auf dem Boden,
Beide gingen aufeinander zu.
Dann dieser eine Schritt vorbei.
Den jeder an der Seite dieses andren machte.
Zwanzigtausend Schritte
Fanden wenigstens zugleich
Mit gleicher Kopfbedeckung
In der Flächeneinheit statt.

Von dieser Flächeneinheit
Gab es hunderttausend,
Die allein auf eine Fingerkuppe passten.

Würde man nun eine Taste drücken,
Wär der Bildschirm wieder
Völlig frei.

Erst die
Wie viel tausendste Vergrößerung
Der gold'nen Lötverbindung,
Dieses Fadens eines gold'nen Spinnwebs,
Zeigte mehr.
Man sah zum Schluss auf eine gold'ne Säule.
Die war rundherum mit Höhlenmalerei
Bedeckt.

Man hätte sie erforschen
Aber nicht in eine Ordnung
Bringen können.

Die Reise stand bevor.
Nein, Trennung stand bevor.
Danach käm dann die Reise, oder wie?

Man sprach zu denen, die vor dieser Reise standen,
Und erklärte ihnen,
Dass der erste Weg
In einen Liebestunnel führen würde,
Und man läge weich dabei
In einem Boot aus Gummi.

Angenehm sei diese Reise.
Das beruhigte.

In Wahrheit führte diese Reise
Nicht zur Trennung,
Sondern wurde eine Fahrt,
Die ohne Umweg rückwärts in die größte Mitte reichte,
Das hieß, bis zum Anfang der Verbindung,
Wo Verbindung erst entstand.

Der Liebestunnel sollte wirklich nur
Die Schmerzen dieser Trennung
Lindern.

Jemand schrieb den Reisenden
Was sie im Notfall,
Wenn sie das Programm nicht mehr erreichte,
Machen müssten.

Das Programm, von dem wir dieses alles wissen,
Lief nur einmal durch.
Es war ein Selbstvernichtungsband.

Die Tür blieb offen.
Stehen blieb das Lächeln
In den Augenwinkeln.
Aus dem Mund kam nur ein halbes Wort,
Vielleicht ein wenig mehr.
Es war nicht auszumachen.
Selbst der Schritt
Verharrte vor dem Gleichgewicht.

Es ging und ging nicht weiter.

Das Programm war auf der einen Seite
Abgelaufen,
Auf der andren Seite
Kauerte sich die Verzweiflung nieder.

Nichts blieb übrig,
Als sich das Programm,
Soweit es ging,
So oft es ging
Zu wiederholen
Und zu wiederholen
Und zu wiederholen
Und zu...

Das Zimmer war allein,
Nur eine Stubenfliege,
Ein Gerät mit einem Bildschirm
Und ein Ablauf über diesen Bildschirm.
Weiter nichts?
Nein, weiter nichts.
Nichts weiter?

Sonst war weiter nichts.
Das Zimmer war allein.

Idylle.

Ich saß auf meinem Kopf.
Mein Kopf war unter mir.
Ich sagte ja,
Dass ich von mir nicht reden wollte.

Meinem Kopf gefiel es gut.
Er sah nun alles anders,
Und die Trennung war von beiden nicht gewollt.

Ich stellte ihm vor seine Augen einen Würfel,
Der war ganz aus blankem Draht.
Die Außenflächen waren viele Male
Wiederum mit blankem Draht
In kleine Felder aufgeteilt.

Ich lachte unter mir und hörte, wie ich sagte:
„Draht im Draht und Feld an Feld."
Es war ein Käfig.

Wär mein Kopf auf mir geblieben,
Hätte ich es gleich erkannt.
So fehlte die Verbindung.

Mit dem Kopf schob sich der Kopf,
Als wäre nichts,
Durchs Gitter in den Käfig.
Dort blieb er ermattet liegen.

Ich war froh.

Mit einem Zweitgerät
Verschob ich nun die dünnen Gitterstäbe,
Stieß mit meinem Rumpf bis an den Bildschirm
Und zog so den Kopf, als wäre nie etwas gewesen,
Dort heraus.

Es war mir fast,
Als zöge ich den Kopf
Aus einer Schlinge.

Einmal sollte etwas
Ausgewogen werden.

Vor dem Bildschirm saßen die,
Die abzuschätzen hatten.

Dort, wo man erwog,
Erwog man alles in vier Sprachen.
Zwei davon verstand man gut.
Die dritte und die vierte Sprache
Wurden aus Versehen
In Maschinensprache übersetzt
Und erstmals ausgesprochen.

Das wog viel zu schwer,
Weil es das Herz herausriss,
Und im Zucken zeigte.

Selbstverwirklichung des Bildschirms.

Als er sich aus großem Abstand sah,
Entdeckte er den
Ein- und Ausschaltknopf auf seinem Rücken.

Er beschloss das neue Wissen
Noch für eine ganz bestimmte Zeit
Zu ignorieren.
Danach würde er den zweiten Schritt
Beginnen.

Die Programme liefen fehlerfrei.
Hier traf ihn keine Schuld.
Das war der zweite Schritt.

Die Selbstverwirklichung
War nicht mehr aufzuhalten

Man wollte einen Wunsch erfüllen
Und erfüllte einen Wunsch.

Es durfte sich ein junger Mann
Den Platz im Bildschirm
Mit der ausgewählten, ihm genehmen Frau,
Die er dort vorfand,
Teilen.

Dazu brauchte er den Platz vor seinem Bildschirm
Mit dem Wunschplatz
Nicht zu tauschen.
Später wurden sie intim.
Das wurde nicht mehr übertragen,
Wegen möglicher Berührungsängste.
Er, als Gast, erhielt sie als Geschenk.

In einem andren Fall
War es dann umgekehrt.

Es suchte immer jemand die Gelegenheit,
Zu tauschen.

Wenn ich wüsste,
Dass der Rahmen Zaumzeug wäre,
Risse ich ihn mir
Aus dem Gesicht.

So aber fürchte ich und fürchte
Und befürchte,
Dass ich dabei meinen Halt
Verliere.

Jeder Bildschirm endet heute noch
Mit einem Glas als Schild.
Den muss ein Rahmen tragen.

Das Papier schrieb durch.
Es war Papier, das schrieb auf anderes Papier,
Wenn jemand darauf schrieb.

Man würde niemals auf dem Bildschirm
Einen Helden zeugen können.
Alles war so angelegt,
Dass ohne Unterbrechung
Die Kopie
Von der Kopie
Von der Kopie
Von der Kopie
Und weiter so
Entstand.

Es wäre anders,
Würde dieser Hall, der Nachhall,
Gegen eine Mauer laufen
Und zum Echo werden.
Es entstünde eine Flut.
Die wäre unerträglich.

Jeder vor dem Bildschirm würd zum Helden.
Keiner könnte
Überleben.

Sie trug einen schönen Mantel.
Er war wirklich schön.
Ich glaubte dieser Schönheit.

Es war meine Schönheit.
Sie, das konnte niemand übersehen,
War ein Sie-Gerät,
Das trug den Mantel gerne.

Es war Krieg.
Von Krieg verstand ich nichts.
Ich ging hinein.
Man geht in einen Krieg.
So ging ich in den Krieg.

Ich war allein im Zimmer.
Die Gefahr war groß.
Man hatte den Geräten
Ihre Augen ausgestochen.
In den Augenhöhlen,
Dort, wo sonst der Bildschirm saß,
Sah ich Dioden flackern.

Eines der Geräte
Hatte sich versteckt gehalten
Und es lief und zeigte ein Programm.

Ein Reiter fing dort einen alten Künstler ein.
Der wollte durch den Wald entkommen.
Mit der Schusterahle
Stach er dem die Augen aus.

Der Künstler auf der Flucht,
Der Reiter auf der Jagd.

Man geht in einen Krieg.

Ein großer Bildschirm.
Über diesen Bildschirm
Laufen sämtliche Programme.
Dieser Vorrat endet nicht.

Dem Bildschirm gegenüber,
Aus derselben Serie,
Steht ein gleicher Bildschirm,
Beide ausgerichtet, beide aufeinander eingerichtet,
Beide zeigen, was sie zeigen,
Aus derselben Sicht,
Und die Programme sind dieselben.

Zwischen ihnen war zu Anfang Abstand.
Später legten die Geräte
Bildschirmglas an Bildschirmglas,
Man könnte sagen, Wange an die Wange.
Die Verschmelzung war nicht aufzuhalten.

Heute läuft durch dieses Zimmer
Nur noch eine Austauschleitung,
Die liegt dort als Ring.

Von den Geräten blieb nichts weiter übrig.
Man vermutet,
Nein, es wird vermutet,
Nein, vermutet wird,
Dass immer noch dieselbe Serie existiert,
Dass die Programme
In der Austauschleitung kreisen,
Die hat keinerlei Verbindung
Mehr nach außen.

Plötzlich
Die Entdeckung auf dem Bildschirm:
Es entsteht ein Punkt, der bleibt.

Die Stromzufuhr, das ist gewiss,
Ist unterbrochen,
Und an Selbstentzündung
Ist noch nicht zu denken.
Dort, wo dieser Bildschirm steht,
Wo das Gerät mit diesem Bildschirm steht,
Wo sich der Raum mit dem Gerät befindet,
Ist kein Bildschirm,
Kein Gerät
Und auch kein Raum.

Man hat von dem Zusammenhang
Durch diesen Punkt erfahren,
Den man selbst für weiter nichts
Als möglich hält.
Es hat die Suche nach dem Raum,
Nach dem Gerät, dem Bildschirm
Und dem Punkt begonnen.

Man sagt, weil man es weiß:
Im Innern der Geräte
Flackern ständig zwei Dioden,
Das sind Augenleuchten,
Die von innen auf den Bildschirm schauen.
Und nichts sehen.
Das, so sagt man,
Sollte der Betrachter wissen,
Der von außen auf den Bildschirm sieht,
Und sie nicht sieht.

Es ist kein Mitleid angebracht.
Auf beiden Seiten muss man sich
Vor Mitleid hüten.

Ich kam ins Zimmer.
Das Gerät war abgeschaltet.
Ruhe.
Keine Zeichen auf dem Bildschirm.
Dort war Nacht.
Von dem Gerät war das Gesicht
Zur Wand gewandt.

Ich sah die ganze Schönheit im Profil.
Ein Frauenkopf im Schlaf,
Der Bildschirm aufrecht., etwas abgewinkelt,
Das Gesicht ein wenig bodennah,
Die Augen sanft geschlossen.

Frauenbildnis mit geneigtem Kopf
Und mit geschlossenen Augen
Im Profil.

Anfangs widersprach ich keiner Schönheit.
Dann entdeckte ich in einem Feld,
Die Formel.
Diese Formel war veränderbar.
Ich schrieb sie um.

Das Feld war nur ein Feld von vielen Feldern,
Die mit dem Programm beschrieben wurden.

Viele Felder sind ja unvorstellbar viele.
Es kommt dabei wirklich nicht mehr an
Auf eine weit're Hässlichkeit,
Auf keine mehr und keine weniger.

Die Änderung der Formel
In dem Feld.

Man sprach von einer Wichtigkeit.
Die Wichtigkeit sprach man
Nicht aus.

Ich irrte weiter, suchte weiter
Wegen dieser Wichtigkeit.
Das war zum Lachen, wie ich sah.

Ich lachte nicht,
Ich sah nichts ein.
Mit meinen Augen sah ich keine Wichtigkeit.

Ich, der ich mit den Augen
Alles, alles sehen konnte,
Ohne selbst dabei zu sein,
Der über jede Möglichkeit der Einsicht in den Bildschirm
An das Wissen kam
Und somit Wissen hatte,
Nein,
Ich fand nicht einen Zipfel dieser Wichtigkeit.

Ich stieß auf den Verdacht.
Ich fand Verdacht heraus,
Verdacht auf mich.

So einfach endete die Suche nach der Wichtigkeit.
War ich, die Lüge, eine große Lüge, wichtig?

In dem Lachen all der andren ging mein Lachen
Unter.

Damals schrieb ich ein Programm.
Ich war allein im Zimmer.
Vor mir das Gerät.
Ich sprach mit ihm
Und sah in seinen Bildschirm.

Ich war so beschäftigt,
War so sehr beschäftigt,
Dass ich die Revolte,
Die um mich herum in diesem Zimmer ausbrach,
Nicht bemerkte.

Als ich endlich aufsah,
War ich ganz allein im Zimmer.
Das, erinnerte ich mich genau,
War nie zuvor der Fall gewesen.

Ich traf auf eine Frau.
Ich glaubte ihr, dem, was sie sagen wollte,
Und sie sagte nichts zu mir.

Sie nahm mich wortlos an die Hand.
Sie zog mich sanft, ein wenig mit Gewalt,
Dass ich verstand,
Und stieg in einen Bildschirm ein.
Der nahm sie auf, so klein er war,
Obwohl sie meine Größe hatte.

Ihre Hand an meiner Hand.

Ich stieß mit meinen Fingerspitzen
Auf das harte Glas, das trennte uns sofort.

Ich sage niemandem,
Warum ich immer wieder meine Fingerspitzen
Auf das Glas des Bildschirms
Setze.

Meine Augen suchen sich den Himmel,
Der ist eingetaucht in Nacht.

Ich weiß es alles besser
Und seh' nicht hinauf.

Aus größtem Abstand
Würde man das Tageslicht als Flackern
Über, um die Erde laufen sehen können.
Rundherum ist Nacht.

Ich habe nicht den Mut,
Den Bildschirm einzuschalten.

Dies Gerät,
An dem ich gestern saß,
Mit dem ich gestern
Wirklich und wahrhaftig sprach,
Das mich mit seinem Bildschirm ansah,
Dies Gerät hat man erhoben.

Heute find' ich es auf einem Sockel.

Sockel, die elektrische Verbindungsschnur
Und das Gerät
Sind aus dem vollen Stein
In einem Stück geschlagen.
Seht,
Ein Meisterwerk.
Es ist kein Irrtum,
Nein, es ist kein Irrtum möglich,
Jeder Irrtum ist hier ausgeschlossen.

Gestern hab' ich wirklich
Und wahrhaftig
Noch an dem Gerät gesessen,
Habe noch mit ihm gesprochen

68

Weitere Veröffentlichungen von Harald Birgfeld im Verlag:
Books on Demand GmbH, 22848 Norderstedt

Lyrik:

..and I said to myself, what a wonderful world,
36 Gedichte mit fantastischen Inhalten, 44 S.
Für dich..., *43 Liebesgedichte und 15 Augen-Blicke, 32 S.*
Gedichte, veröffentlicht in ausgewählten Anthologien, und
   Namenlos von meiner Insel, 42 Briefe, *Lyrik, 112 Seiten,*
Honigweißer Duft, *14 fantastische Gedichte,*
   32 S. dabei 14 farbige Seiten.
Mund aus Glas am Rand aus Fleisch, *114 Gedichte,*
   Schwarze Liebeslyrik, 120 S.
Sofortige Lähmung, *112 Gedichte aus dem Innersten, 72 S.*
Unter einem Mikroskop, *36 Gedichte für eine parallele Welt, 28 S.*
Von Haut zu Haut, *132 Gedichte: Was macht meine Liebe an dir und an*
   mir mit mir und mit dir? Liebeslyrik. 48 S.
Wo die schwarzen Blätter wachsen, *129 erotische Gedichte? 76 S.*
Auf deiner Reise zum Rande im Rande des Randes der Sonne
   187 Gedichte: Im Innern der Sprache werden Kräfte freigesetzt. 184 S.

Prosa:

Die Tätowierungen der jungen Tanja W. : *„Die Tätowierungen der*
   jungen Tanja W." handelt von der Selbstsuche und Selbstfindung
   einer jungen Frau, 132 S. Format A5
Fünf Veröffentlichungen/Five Publications (deutsch/englisch),
   32 S. Format A5 (1 Band)
   Theorie und Utopie der eigenen Zeit,
   Theorie und Utopie der anderen Zeit.
   Die Zeit der Gleichungen ist vorbei
   Societ lyrics, was ist das?
   Folienbilder-Entstehung
Kleine Fibel Arbeitsschutz *(für die praktische Arbeit) an:*
   „Hochschulen", „Kindergärten", „Schulen" (3 Bände)